Círculo Rojo

PEQUEÑOS RELATOS DE HISTORIA

Pequeños Relatos de Historia

Gustavo J. Navarro Puga

Círculo Rojo
EDITORIAL

Primera edición: enero 2024

Depósito legal: AL 3935-2023

ISBN: 978-84-1061-235-8
Impresión y encuadernación: Editorial Círculo Rojo

© Del texto: Gustavo J. Navarro Puga
© Maquetación y diseño: Equipo de Editorial Círculo Rojo

Editorial Círculo Rojo
www.editorialcirculorojo.com
info@editorialcirculorojo.com

Impreso en España - Printed in Spain

El papel utilizado para imprimir este libro es 100% libre de cloro y, por tanto, **ecológico**.

Estimado lector:

No sé cómo ha llegado este libro a tus manos, si comprado, regalado o prestado; pero lo importante es que lo tienes, y eso para mí ya es un logro.

Mi máximo interés con este libro, que está dirigido a jóvenes y mayores, es que sea ameno y no te aburra.

Pequeños relatos de Historia se compone, como su nombre indica, de pequeños relatos de personajes en unos casos y de curiosidades en otros, siempre sobre la historia de España.

En un primer momento, estos relatos nacieron bajo el nombre de *Apuntes de Historia*, totalmente independientes unos de otros. Como verás, aquí cada relato sigue manteniendo esa misma forma e independencia que los apuntes originales.

Espero que te guste.

ÍNDICE

Apuntes de Historia

Fundación de hospitales en América y la leyenda negra

Buenas tardes, amigos.

Les voy a escribir una pincelada de historia. La semana pasada tuve en mi despacho a un cliente bastante peculiar, un ciudadano con doble nacionalidad estadounidense-argentina.

Resulta cuando menos curioso que, después de hablar un rato del mundo, hablamos otro rato de la historia de América, es decir, nuestra historia, y cuando salió a colación mi admirado Hernán Cortés y este hombre comenzó a despotricar, le comenté algunas de sus acciones para con el bien social.

Ricardo, que así se llamaba mi interlocutor, después de oírme, me dijo eso de «¡¡Cómo es posible que los españoles no estudien su propia historia verdadera!! ¡¡Son pendejones o qué!!».

Yo pienso que un poquito sí que lo somos.

Todo fue porque le expliqué que Hernán Cortés se dedicó a fundar hospitales, fundando el primer hospital del continente americano en México en el año 1521.

Hospital de Jesús, fundado por Hernán
Cortés en México (Wikipedia).

Se llamaba el Hospital de Jesús y en él se atendían tanto
a españoles como a indios **de manera totalmente gratuita**
y tiene varios hitos en su haber, porque, además de ser el
primer hospital de América, también fue en él donde nació
la primera facultad de medicina del continente, en el año
1578.

Este hospital se financiaba con limosnas y donaciones,
además de los fondos de Cortés, que a su muerte dejó testa-
mentado que el hospital se mantuviese con los fondos que
generaban sus propiedades en México.

También Cortés fundó más hospitales, entre los años
1521 y 1524 por intervención de Hernán Cortés el Dr. Pedro López fundó el Hospital de San Lázaro, que era exclusivamente para enfermos de lepra.

Tal y como se hacía en el resto de España, se construyó
en las afueras de la ciudad, pero su existencia fue efímera

porque las autoridades recibieron quejas de que los enfermos de lepra bebían agua del mismo acueducto que llevaba el líquido elemento a la ciudad, lo que hacía temer posibles contagios, por lo que cerró en 1528.

Según el gran historiador-investigador Marcelo Gullo: «Se ha ocultado deliberadamente que los hospitales de México fueron superiores en materia de medicamentos que los de Madrid, Londres o París, ya que a los medicamentos traídos por los españoles se incorporaron los originarios de América».

Pues no le quito razón al Sr. Gullo, porque, leyendo a la investigadora y doctora en Historia Dña. María Saavedra Inaraja, en América los españoles fundaron más de **1000 hospitales** consiguiendo varios hitos, como por ejemplo la realización de las primeras autopsias practicadas en el continente, ya fuera para el estudio de enfermedades y sus posibles curas o para didáctica.

En julio del año 1533, el cirujano Juan Camacho realiza en el hospital de Santo Domingo la que sería la primera autopsia realizada en América, que se practicó a unos niños siameses que nacieron unidos por el tórax.

En el año 1532, fray Pedro de Gante —el mismo que fue fundador de escuelas— fundó el Hospital Real de Naturales, que era para uso **exclusivo de los indígenas**, llegando a tener una capacidad de **400 camas** en el año 1553. En este Hospital se hablaban varias lenguas indígenas.

Y, para terminar, un par de hospitales de especialidades. Al poco tiempo, en el año 1535, recién fundada la ciudad de Puebla, se abre en ella el Hospital de San Juan de Letrán, siendo este el primer hospital exclusivamente **para uso ginecológico**, ya que solo era para mujeres.

También en el año 1541 se abrió el Hospital del Amor a Dios para enfermos de sífilis, fueran españoles europeos o españoles indígenas. Este hospital, que llegó a tener cerca de 150 camas, lo mantenía principalmente la Catedral de México.

Creo que con estos apuntes queda todo dicho sobre un tipo de actuación de Hernán Cortés en particular y los españoles en general en el Nuevo Mundo que no ha sido debidamente reconocida.

Pero en el próximo apunte vienen más actuaciones…

Bibliografía

- Biblioteca Virtual Miguel de Cervantes.
- Madre Patria (Marcelo Gullo).
- Wikipedia.
- Medigrapic.com.
- Facultad de Medicina UNAM (*Historia de la medicina: el sistema sanitario en la Nueva España*).
- *Hernán Cortés. La verdadera historia.* Antonio Cordero.
- Artículos de Dña. María Saavedra Inaraja, doctora en Historia.

Apuntes de Historia

Universidades fundadas en América y la leyenda negra

Aprovechando que por aquí a veces tenemos efemérides importantes, cabe comentarles que este año 2024 se cumplen 486 años de que España fundó la primera universidad del continente americano: la Universidad de Santo Domingo en el año 1538.

La cédula de su creación decía:

> Gozarán de todos y cada uno de los privilegios, inmunidades y favores que poseen usan y gozan los que son promovidos en los mismos grados de la Universidad de Alcalá, de Salamanca o de cualquier otra universidad de los Reinos de España.

En el año 1551 también España, como debía ser, fundó la primera universidad de Norteamérica y segunda del continente americano, la de San Pablo en México, que se abrió a los estudiantes en 1553, llegando a tener ¡¡veinticuatro cátedras!! Y cinco facultades: Derecho Civil, Derecho Canónico, Medicina, Teología y Artes.

Además, entre las cátedras libres estaban entre otras además de la de Matemáticas o Gramática, la de **Lenguas Indígenas**. Sí, no es una broma, en la Real Universidad de México en 1553 **se estudiaban el azteca y el otomí** para que no cayeran en el olvido. ¿Imaginan ustedes una universidad de las Trece Colonias enseñando lengua siux, cheyene o apache?

Curiosidades

Los alumnos de estas universidades estaban libres del pago de impuestos o diezmos y solamente podían ser juzgados por el tribunal universitario, por lo que tenían protección legal.

Las clases, como en el resto de España y Europa, se impartían en latín.

También en el año 1551 se inauguró la Universidad de San Marcos en Perú y así España —país de bárbaros según la leyenda negra— siguió abriendo hasta 32 universidades en el continente americano.

Para esta Universidad de Lima, que también tenía dos cátedras de Lenguas Nativas, además de Medicina, cabe destacar que se trajo lo mejorcito del profesorado de la Universidad de Salamanca.

En las universidades españolas se admitía a cualquier alumno sin importar su procedencia porque todos eran españoles, ya fueran españoles europeos o españoles americanos (criollos, mestizos, indios), no como las anglosajonas, donde o eras de sangre blanca y pura o...

Más curiosidades

Las primeras universidades no españolas que se abrieron en el continente americano fueron las de Harvard, casi un siglo después de la de Santo Domingo en 1636 (España en ese año ya había abierto en el continente la nada despreciable cantidad de **15 universidades**), y ya con bastante posterioridad abrió la segunda universidad anglosajona, la de Yale, en el año 1701; en esa época España ya había abierto la friolera de 22 universidades.

Aunque este apunte de historia trata las universidades españolas en América, no está de más decir que la **universidad en activo más antigua de Asia** es la Pontificia y Real Universidad de Santo Tomás, Universidad Católica de Filipinas, fundada en 1611 por España.

Digo en activo porque antes que ella los jesuitas fundaron la Universidad de San Ignacio, en 1590, pero en 1770 cerró sus puertas como consecuencia de la expulsión de España de los jesuitas.

A continuación, les adjunto un mapa elaborado por Nagihuin con la relación de universidades abiertas por España en América y Filipinas.

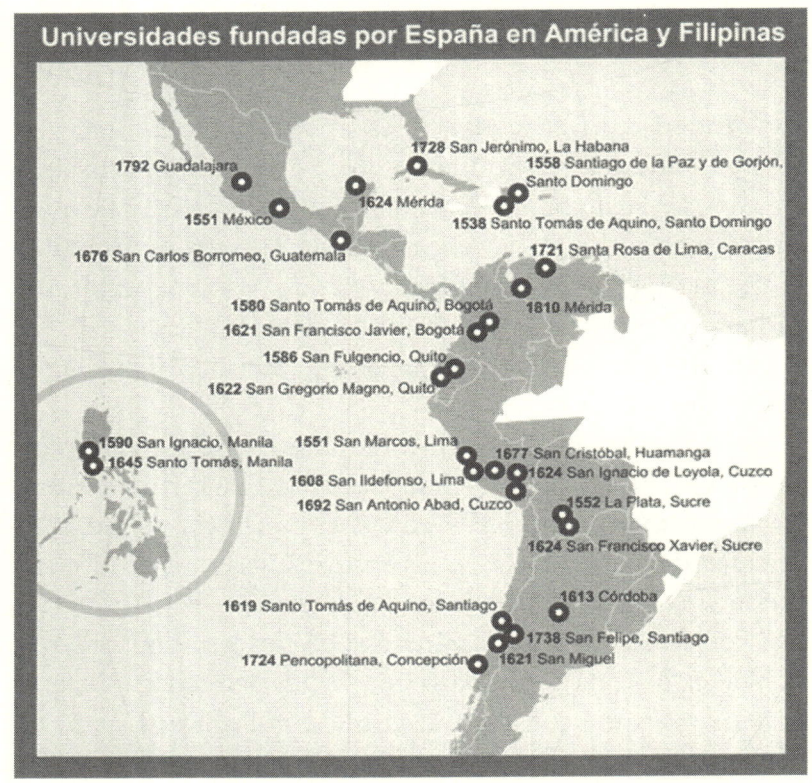

Universidades fundadas por España en América y Filipinas

1792 Guadalajara
1728 San Jerónimo, La Habana
1558 Santiago de la Paz y de Gorjón, Santo Domingo
1624 Mérida
1551 México
1538 Santo Tomás de Aquino, Santo Domingo
1676 San Carlos Borromeo, Guatemala
1721 Santa Rosa de Lima, Caracas
1580 Santo Tomás de Aquino, Bogotá
1810 Mérida
1621 San Francisco Javier, Bogotá
1586 San Fulgencio, Quito
1622 San Gregorio Magno, Quito
1590 San Ignacio, Manila   1551 San Marcos, Lima
1645 Santo Tomás, Manila
1677 San Cristóbal, Huamanga
1608 San Ildefonso, Lima
1624 San Ignacio de Loyola, Cuzco
1692 San Antonio Abad, Cuzco
1552 La Plata, Sucre
1624 San Francisco Xavier, Sucre
1619 Santo Tomás de Aquino, Santiago
1613 Córdoba
1738 San Felipe, Santiago
1724 Pencopolitana, Concepción
1621 San Miguel

De Nagihuin: https://es.wikipedia.org/wiki/Anexo:Universidades_y_colegios_virreinales_en_Hispanoam%C3%A9rica, CC0, https://commons.wikimedia.org/w/index.php?curid=74650062
Se le agradece la autorización para usar este interesante documento.

Los comienzos (de la educación y cultura)

Las grandes precursoras de todo esto fueron las escuelas.

Las dos primeras escuelas de América fueron creadas por los franciscanos, una en Tezcoco en el año 1523 por el hermano lego Pedro de Gante —el mismo que fundó el Hospital Real de Naturales que nombré en el apunte anterior— y otra en Ciudad de México por fray Martín de Valencia en el año 1525.

Sobre la primera de ellas, he de decir que fray Pedro de Gante con el tiempo la amplió en Ciudad de México hasta tener casi mil niños/as, que, además de aprender a leer y escribir, aprendían diversos oficios y también el náhuatl, el castellano y el latín.

¿Quién era Pedro de Gante?

¿Lo recuerdan del apunte anterior? Sí, es el mismo que fundó en 1532 el Hospital Real de Naturales.

Pues don Pedro está considerado el primer maestro de América.

Era pariente cercano del emperador Carlos I de España y V de Alemania (Carlos de Gante), ya que parece ser que era hijo de su abuelo, Maximiliano de Habsburgo. Cosas de la época…

Bibliografía

- *Madre patria*. Marcelo Gullo Omodeo. 2021.
- *Imperio Hispánico de América*. Clarence H. Haring. 1966.
- «España fundó 32 universidades en América». *La vieja España*. Fran de La Nao.
- *Universidades fundadas por el Reino de España en América*. Tactical Medicine Gear. EMS Solutions.
- «La universidad más antigua de Asia está en Filipinas». *El Debate*. Sarah Durwin.

Apuntes de Historia

El Galeón de Manila

El día 17 de junio se conmemora el comienzo de la **línea regular del Galeón de Manila** (también llamada en la época la Nao de la China) en el año 1572, aunque la ruta se descubrió y se comenzó a usar antes, en 1565, hasta el año 1815, durante la friolera de 250 años.

El gran don Miguel López de Legazpi escribió en su diario:

> *Ayer día 17 de junio vi zarpar de la rada de Manila la nao San Pedro que hará la línea regular entre Manila y Acapulco.*
>
> *Vi cargar en su bodega olorosas especias y ricas sedas y cerámicas chinas. Viajaban ilusionados militares con licencia, religiosos de vuelta a sus conventos de Nueva España, funcionarios del Correo Real con sacas de correspondencia, tagalos ávidos de ver mundo, comerciantes chinos y hasta cierta tropa de jovencitas chinas, malayas y tagalas al cuidado de una limeña que por el aspecto debe ser —y no creo equivocarme— la regidora o madame del burdel.*
>
> *El mundo sigue su tornavuelta. ¡¡Bienvenida la Libertad y el libre comercio!!*

Pues sí, fue un gran hito para España y para el mundo.

A pesar de lo que vemos en las películas americanas y británicas, donde siempre nos gana hasta el capitán Sparrow, de los 110 galeones que hicieron la ruta del Galeón de Manila (cada uno de ellos dio innumerables viajes, pero nunca más de dos o tres al año, ya que el rey limitó su número para proteger a los comerciantes sevillanos que se quejaban de las pérdidas económicas que les provocaba El Galeón), **solamente fueron capturados o hundidos 7 de ellos.**

Debido a la limitación de viajes impuesta por el rey, se comenzaron a construir galeones de más porte, llegando alguno a tener una eslora de 54 metros y 2200 t de desplazamiento. Tremendos buques para la época.

Una curiosidad

Fíjense ustedes en la importancia de la línea del Galeón de Manila que en 1576 la dinastía Ming cambió totalmente su sistema monetario. Decidió quitar el papel moneda —un invento suyo— y acuñar monedas de plata —metal del que carecían—.

La plata era comprada a España —se obtenía en las minas de Potosí, en Nueva España—, convirtiendo la carga de los galeones de Manila que venían de vuelta en algo imprescindible para la economía china.

Pero... ¿cómo encuentran la ruta idónea para el Galeón de Manila?

Fue precisamente la nao San Pedro, sí, la misma que comenzó con la línea regular, la que en 1565 descubrió la ruta que usarían a partir de ese momento todos los barcos para el tornaviaje a la Nueva España.

El rey había ordenado que buscasen la ruta más rápida y segura para el tornaviaje desde Filipinas, por lo que Legazpi preparó una expedición con su primo, el famoso cosmógrafo fray Andrés Urdaneta, que iría como piloto.

Urdaneta, que algo intuía, se empeñó en ir subiendo rumbo nordeste hasta llegar casi a la latitud 40°, donde descubrió la corriente de Kuro-Shivo; vaya, una autopista de 4 carriles que llevaban directo a Nueva España.

Salió el 1 de junio de Manila y llegó a Acapulco el 8 de octubre, toda una proeza para la época.

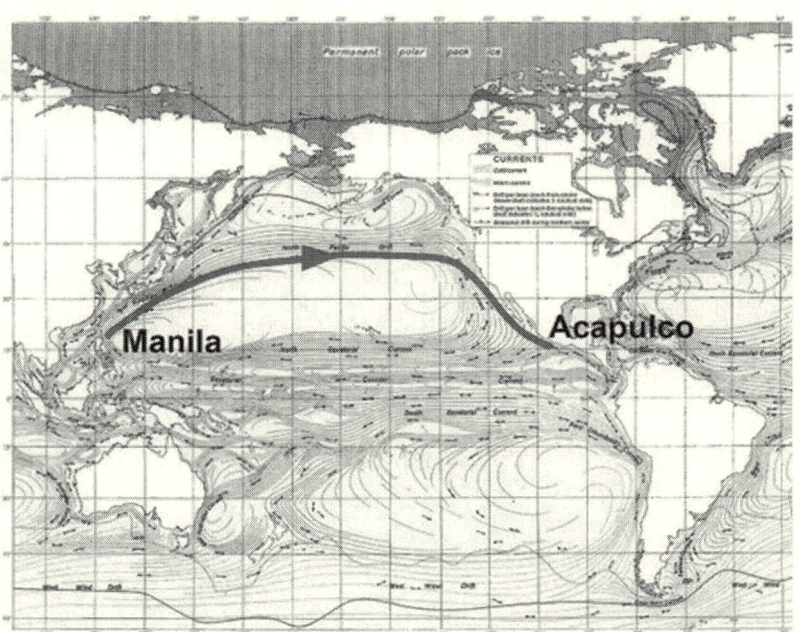

Una curiosidad

Para el viaje de ida desde el Puerto de La Navidad (en lo que hoy es Jalisco) hasta las Filipinas en 1564, Urdaneta pidió a Legazpi que ordenase hacer compotas de frutas —todo pagado por Legazpi, por cierto, lo que según parece no le hizo muy feliz—. Urdaneta pensaba que las compotas podían ir bien contra el escorbuto, y así fue.

Se embarcaron para los 4 barcos de la flota **más de trescientos botes** de cristal con compota de frutas de 1,40 kg cada uno (más de 420 kg) y no tuvieron ni un solo caso de escorbuto en los cuatro meses que duró la travesía.

Bueno, otro día hablaremos de Nueva Castilla (Filipinas) y don Miguel López de Legazpi, que, si llega a ser de otras latitudes, ya tendría su propia serie de televisión, porque con un largometraje no da para contar todas sus vicisitudes.

De hecho, en los colegios de Filipinas estudian a Andrés Urdaneta y a López de Legazpi.

Bibliografía

- Armada Española-Fundación Museo Naval.
- Miguel López de Legazpi. *La conquista de Manila*. Antonio Cavanillas de Blas.
- Armada Española. *El Galeón de Manila*. M. Juan Ferragut.
- Miguel López de Legazpi. *La conquista de Manila*. Antonio Cavanillas de Blas.
- World History Encyclopedia.
- Wikipedia.

Apuntes de Historia

Españoles en el olvido

Los 50 inventos de Ayanz y Beaumont (1553-1613)

Ahora les voy a hablar de un español que nos lleva a pensar:
«¿Cómo es posible que no se estudie a un fuera de serie como este?».

Se trata del navarro **Jerónimo de Ayanz y Beaumont.**

Fue un *de todo*. Inventor, ingeniero, científico, militar, administrador de minas, comendador, regidor, gobernador, pintor, cantante y compositor de música del siglo XVI que patentó nada menos que ¡¡medio centenar de inventos!!

Entre sus innovaciones figuran inventos de los más variados, como puede ser desde el primer traje de buceo o bombas de achique para barcos hasta métodos metalúrgicos, balanzas de precisión, hornos, destiladores, sifones, instrumentos para medidas de rendimiento en máquinas, molinos hidráulicos y eólicos, molienda por rodillos metálicos, presas de arco y bóvedas, bombas hidráulicas de husillo, eyectores y máquinas de vapor. Muchas de estas invenciones se adelantaron un siglo a las que se desarrollarían en Inglaterra durante la Revolución Industrial (y eso que los españoles, según la leyenda negra, éramos unos bárbaros).

Pero... ¿cuál fue la diferencia de estos 48 inventos con otros que surgieron por esos lares? ¡Que estos se patentaron!

Desde 1478 año existían en España/Castilla las patentes, año en que la reina Isabel la Católica firmó la primera de ellas. Estas se llamaban *privilegio de la invención*.

En este apunte de historia, les voy a hablar solamente de tres de sus inventos, ya que, si no, en vez de un apunte, esto acabaría siendo un tratado, porque este hombre, además de inventor, tiene en su haber hechos tan dispares como el frustrar un atentado en Francia contra Felipe II o el ser el creador de la Base Naval de Cartagena.

Traje de buzo

En agosto de 1602, ante el rey Felipe III, un buzo provisto de un traje diseñado por Jerónimo de Ayanz estuvo más de una hora andando por el fondo del río Pisuerga sin ningún problema, desarrollando la hazaña ante los ojos del propio rey Felipe III. El equipo no consistía solo en el traje realizado, con piel de vacuno, de forma específica para impedir la hipotermia del buzo, sino también el sistema de alimentación de aire de refresco al buzo, ideando incluso una *manguera* construida con tramos cortos de tubos de cobre con uniones articuladas. No existe en el mundo ningún registro anterior de tal proeza.

Máquina de vapor

Siempre hemos leído en los libros de texto y las enciclopedias la disputa franco-británica por atribuirse la paternidad del invento que marcó el inicio de una nueva era. **Nunca los españoles habíamos entrado en la lid con fuerza ni razón, pero ahora lo hacemos para ganarla, porque en la patente registrada y archivada en Simancas en septiembre de 1606, hace más de 400 años,** se explica una máquina de vapor ideada por Jerónimo de Ayanz para desaguar las minas usando la fuerza del vapor.

El abuelo del submarino… pero perfumado

De ese casi medio centenar de inventos patentados, lo que le valió el sobrenombre del Da Vinci español fue el de uno de los primeros artilugios capaces de sumergirse, lo que le hace figurar en el selecto listado de **pioneros del arte de navegar bajo el agua**, pues ideó un par de barcazas adaptadas para poder sumergirse, ambas perfectamente estancas y provistas de un novedoso sistema de renovación de aire interior, conectadas por medio de unos tubos flexibles al exterior, operación que era posible mediante unos grandes fuelles y unas válvulas de aspiración y escape que regulaban el paso del aire, tanto el limpio al interior de la embarcación como la expulsión del viciado al exterior.

Según uno de sus biógrafos, «hasta tal punto mimó De Ayanz los detalles que al sistema de ventilación **le añadió unas esponjas empapadas con agua de rosas, que perfumaban el interior del submarino**», a bordo del cual iban dos tripulantes, que eran suficientemente capaces de hacer las maniobras de inmersión y salida a superficie, mediante un sistema de lastres y contrapesos accionados desde un torno, con el que regulaban la cota a navegar, pudiendo ver los tripulantes lo que sucedía en el exterior mediante varios **«ventanucos acristalados y enrejados»**, y además el artilugio iba provisto de una especie de brazos articulados para acceder a recuperar pequeños objetos del lecho marino.

Ocurría todo esto en los albores del XVII, corriendo 1603, y según figura en los archivos de Simancas, fue el de Ayanz **«el primer artilugio capaz de sumergirse que llegó a estar patentado en el mundo»**, pues, aunque llegó a haber otros inventores que hicieron alguna prueba con otros artefactos antes que él, en la Edad Media incluso, ninguno tuvo la suficiente notoriedad ni fiabilidad en su uso como para llegar a ser patentado.

A día de hoy, uno de los pocos homenajes que ha recibido este pionero de la navegación submarina en España lo ha sido de sus paisanos, en concreto desde la Universidad Pública de Navarra, quien le puso su nombre a una de sus dependencias de I+D, evitando así que caiga en el más absoluto ostracismo este polifacético inventor, cuyos restos llevan más de cuatro siglos sepultados —y olvidados, todo hay que decirlo— en una capilla de las que circundan el interior de la Catedral de Murcia.

Una curiosidad

Lope de Vega escribió parte de una obra de teatro en honor de nuestro inventor, al que calificaba como «el Hércules español» por su impresionante habilidad con las armas y la extraordinaria fuerza en sus brazos, capaces incluso de doblar una lanza… Todo un portento de hombre.

A continuación, tenemos una foto de un homenaje de la también agradecida ciudad de Valladolid a este personaje con una recreación que hicieron en el río Pisuerga del traje de buzo de Ayanz. En un círculo verán la prueba de una estatua que van a hacer en su honor y que instalarán a la vera de ese río en Valladolid.

Bibliografía

- Real Academia de la Historia.
- Heraldo de Aragón.
- Biblioteca Nacional (Oficina Española de Patentes).
- Inst. I+D Jerónimo de Ayanz (Univ. Pública de Navarra).
- Nicolás García Tapia (Jerónimo de Ayanz y Beaumont).

- Cesar Cervera (*ABC*).
- Rafael E. Romero García.
- *Puente de mando*. Diego Quevedo Carmona.

Apuntes de Historia

Españoles en el olvido: don Pedro de Medina
(Medina Sidonia [1493]-Sevilla [1567])
El marino que nunca lo fue.

Don Pedro, entre otras cosas, era cosmógrafo, matemático, historiador, geógrafo, astrónomo, etc.; pero nunca fue, en contra de lo pensado por muchos, marino.

En 1538, ya con su título de cosmógrafo bajo el brazo, editó su *Libro de Cosmographia*. Menudo éxito. Hoy en día se atesoran algunos originales en bibliotecas tan importantes como las de Oxford o la de Yale, que guarda también como oro en paño un ejemplar del *Coloquio de cosmographia* de don Pedro. Además de nuestra puntera Biblioteca Nacional de España y la Biblioteca Colombina de Sevilla, que tienen originales de todas estas maravillas.

Don Pedro tuvo a muchísimos marinos en contra, ya que él, sin ser marino, escribió en su momento al emperador Carlos I avisando que la escuela de pilotos tenía grandes fallos en sus enseñanzas tanto en las materias estudiadas como en el instrumental para la enseñanza.

Una vez comprobado esto, el emperador cesó de manera fulminante a los responsables de la escuela y don Pedro a colación de estos hechos escribió su obra cumbre, que, una vez verificada por el equipo imperial e inspeccionada por el Consejo de Indias, pasó a ser obligatorio para estudiar en la Escuela de Pilotos y Marinos.

Su obra cumbre, con la que los pilotos españoles han surcado los mares durante siglos, fue (ojo al título, que se las trae) *El arte de navegar en que se contienen todas las reglas, declaraciones, secretos y avisos que son necesarios para la buena navegación.*

Si el título es largo, la obra más, ya que consta de 8 tomos.

Esta obra se escribió en 1545 y se tradujo varias veces al francés, alemán, holandés, italiano e inglés.

El problema es que, como con 8 tomos no era precisamente un tamaño de bolsillo, sacó una edición «tamaño alforja» que se llamó **Regimiento de navegación**.

Esta edición ya era otra cosa, era mucho más manejable para llevar a bordo de los barcos. Incluso me he enterado escribiendo este artículo de que, cuando Francis Drake dio la vuelta al mundo, 58 años después de que lo hiciera nuestro Juan Sebastián Elcano, el inglés llevaba un ejemplar de este libro a bordo.

Un dato curioso por si a algún lector le interesa

En estos momentos, a principios del año 2024, hay vendiéndose en una librería especializada en libros antiguos del Reino Unido un ejemplar original de la primera tirada de *Regimiento de la navegación* por la nada despreciable cantidad de **271.440 €**.

También escribió entre otros un libro de historia llamado *Grandezas y cosas memorables de España* en el año 1548, dedicado al príncipe Felipe (que luego fue el rey Felipe II).

Contiene el mapa grabado xilográfico de la península ibérica y en la parte superior la palabra *España*. **Por primera vez un libro de autor español impreso en castellano mostraba un mapa de España.**

Bibliografía

- Biblioteca Nacional de España (Biblioteca Digital Hispánica).
- Real Academia de la Historia.
- Libro Navigatior's Universe (Ursula Lamb. Chicago. 1972).
- Wikipedia.

Apuntes de Historia

Los Dragones de Cuera y el lejano Oeste español

Los soldados: origen de su nombre y equipamiento

En vista de las preguntas que he tenido sobre el Imperio español en la Nueva España y su frontera norte, hoy les voy a hablar sobre las tropas que vigilaban esa frontera y cuidaban sus caminos, misiones y los ranchos, tanto de colonos como de indios amigos.

Mucho antes de que los señores del 7.º de caballería cabalgasen por esas praderas americanas, ya lo hacían unos soldados españoles que se denominaban Dragones de Cuera, nombre que viene de que, cuando los españoles llegaron a América, iban con sus resplandecientes corazas, que los protegían de las flechas de los indígenas; pero al mismo tiempo pasaban los pobres un calor que ni una sauna finlandesa, ya que para colmo de calores hay que recordar que las corazas llevaban debajo una camiseta de lana para evitar el roce del metal con la piel.

Este fue el motivo por el que, con el tiempo en estas calurosas zonas, la coraza derivó hacia la cuera, que era una protección de varias capas de cuero que podía llegar a pesar hasta los 8 o 10 kg de peso y estar hecha con hasta 8 pieles unidas entrelazando fuertemente sus bordes, dejando las mangas al aire para no perder movilidad con el armamento y la defensa.

Esta cuera comenzó cubriendo incluso hasta las rodillas, pero evolucionó hasta quedarse como un chaleco, siendo una protección bastante eficaz ante las flechas de los indios.

Además de la cuera, cada soldado tenía asignados 6 caballos, 1 mula, 1 adarga (escudo pequeño de origen árabe) y, como armamento, 1 escopeta, 1 espada, 2 pistolas y 1 lanza. No obstante, tenemos que pensar que las armas de fuego eran de avancarga, por lo que eran poco eficaces contra las flechas indias por el tiempo de recarga; sin embargo, las adargas eran muy eficaces ante las flechas, pero los escudos indios no servían ante los disparos de las escopetas españolas.

Como se ha dicho anteriormente, los Dragones de Cuera —que eran voluntarios— estaban muy bien pertrechados por el ejército, pero a cambio, para entrar en el cuerpo, se les exigía que, además de medir más de 150 cm y tener como mínimo 16 años, firmaran un largo contrato con el ejército por nada más y nada menos que 10 años.

Una mili larga, pero también era una manera de ganarse la vida en la que, además de tener posibilidades de ascender, cuando te licenciabas, podías tener una pensión o conseguir tierras cercanas a los presidios para vivir en ellas con tu familia.

La uniformidad según ordenanza de 1771:

El vestuario de los soldados de presidio ha de ser uniforme en todos, y deberá componerse de zapatos, botines, calzón de tripe azul, chupa corta de lo mismo o de paño del propio color, con una pequeña vuelta y collarín encarnado, capa también de paño azul, corbatín y sombrero negro, cuera y bandolera de gamuza de la forma que las usan, y para que cada compañía se distinga de las demás, llevarán los individuos de ella por divisa bordado el nombre de su presidio en su bandolera.

Soldado dragón de cuera, obra de Ricardo Sánchez, como portada para el libro Banderas lejanas (Editorial EDAF).

¿Cómo vivían?

Los Dragones de Cuera estaban en presidios, que, en contra de lo que algunos piensan, no eran cárceles, sino los **fuertes españoles** de la época, pero es verdad que a veces se presta a confusión entre presidios y prisiones.

La vida de estos soldados era bastante dura y su tarea muy ardua, ya que eran muy pocos los soldados para las vastas zonas a defender de unos 5000 km.

Los presidios tenían una dotación media de unos 40/50 hombres de tropa más dos cabos, un sargento, un alférez, un teniente y un capitán, aunque con frecuencia el número de efectivos militares quedaba mermado, ya fuese por soldados enfermos o dados de baja y no repuestos.

También tenían un capellán y algunos indios exploradores.

Los soldados vivían en los presidios con sus familias, lo que era un buen aliciente para ellos.

Tubac Presidio State Historic Park.

En el sur de Estados Unidos desde hace unos años hay una verdadera pasión por su pasado español.

Una curiosidad

Los Dragones de Cuera eran una unidad de caballería de élite, que también tenían muy buena instrucción de infantería para cuando luchaban pie a tierra, y a veces, cuando iban en misión de castigo, llevaban con ellos varios de sus caballos y, según se cansaba en el que iban montados, cambiaban a otro y el primero de ellos lo dejaban en el camino y ya lo recuperarían… o no.

De esos caballos provienen los famosos caballos mustang americanos.

Dibujo del mismo presidio de Tubac; de esta manera es posible hacerse una idea de la vida en estos fuertes españoles. (Se supone que en su momento estuvo bien encalado).

Autor: Desconocido.

Bibliografía

- *Los Dragones de Cuera*. José M.ª Bueno. Publicaciones Minist. de Defensa.
- *Diarios de las expediciones a la Alta California*. Juan Bautista de Anza.
- PARES (Portal de Archivos Españoles). Minist. de Cultura.
- Real Academia de la Historia.
- *Forjado en la frontera*. John L. Kesell y Javier Torre Aguado.
- Archivo General de Indias. Minist. de Cultura.

Apuntes de Historia

Fundación de la ciudad de San Francisco

Juan Bautista de Anza (1736-1788)

Un pequeño apunte de historia sobre el lejano Oeste español

El 8 de enero de 2024 hizo 250 años que salió la primera expedición del capitán español Juan Bautista de Anza desde el presidio español de Tubac-Tucson (Arizona) hasta la Alta California.

Ante la necesidad de buscar una ruta por tierra que uniese Arizona con la Alta California, encargaron esa difícil misión al capitán de Dragones de Cuera don Juan Bautista de Anza, y lo hizo llevando tan solo a 36 personas con él.

Llevaba soldados, un par de monjes y tres arrieros para manejar el ganado que iría con ellos para poder comer por el camino. Llegó hasta Monterrey pasando por lo que en aquella época era el pequeño presidio de San Diego.

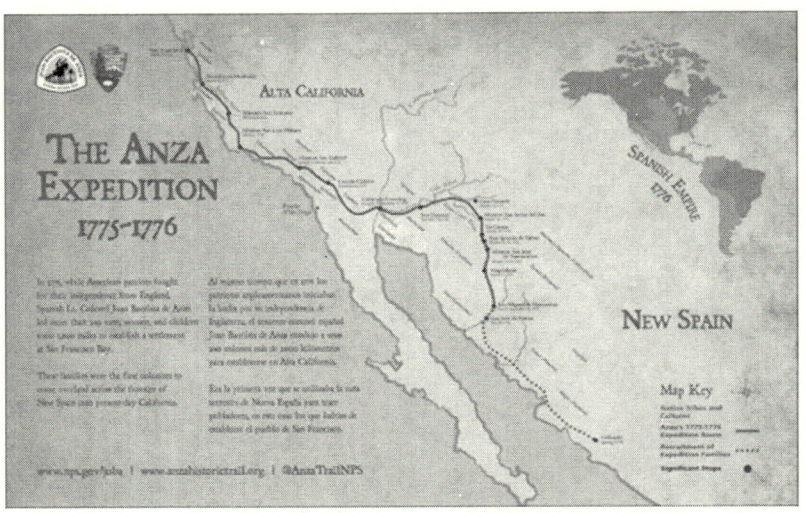

Recorrió nada más y nada menos que 384 leguas (legua = unos 5,550 km) = +– **2130 km** a la ida y 294 leguas a la vuelta —unos **1630 km**— sin ninguna pérdida humana.

Al año siguiente, ya como teniente coronel, Juan Bautista de Anza hizo su segunda expedición, pero en esta ocasión con 240 personas a su cargo, porque llevó colonos para fundar la **famosa ciudad de San Francisco.**

Murió solo una mujer en el camino —de parto—. Por cierto, nacieron 4 o 5 niños por el camino.

Para estudiar a este explorador y gobernador de Nuevo México, he leído bastantes libros españoles, pero me llama la atención que he obtenido mucha información de la red de parques nacionales norteamericana, donde hablan de él de manera muy extensa y donde tienen un National Historic Trail de Estados Unidos que se llama el **Camino de Anza**.

Además, en Tubac-Arizona los norteamericanos celebran el festivo día de **Anza's Day** (en octubre).

Ese día, además de ensalzar al personaje de Juan Bautista de Anza, hay un desfile en que los ciudadanos de esas poblaciones visten como los Dragones de Cuera españoles y los habitantes de la época, y desfilan a caballo con sus uniformes y con la bandera de la Cruz de Borgoña, enseña de los ejércitos imperiales españoles. Sííí, lo hacen los yanquis.

En Estados Unidos y México existen varias estatuas ecuestres de este insigne español; en España, ni una.

Por cierto, que he conseguido un cómic sobre Juan Bautista de Anza y sus Dragones de Cuera editado ¡¡en Francia!!

Bibliografía

- *Diarios de las expediciones a la Alta California*. Juan Bautista de Anza.
- *Banderas lejanas*. Fernando Martínez Láinez, Carlos Canales Torres.
- PARES (Portal de Archivos Españoles). Minist. de Cultura.
- Real Academia de la Historia.
- *Forjado en la frontera*. John L. Kesell y Javier Torre Aguado.
- National Park Service USA (NPS). Servicio de Parques Nacionales de EE. UU.

Apuntes de Historia

La Pax de Anza y Cuerno Verde
Guerra hispano-comanche

En el año 1779 se firmó la denominada en su época Pax de Anza (la Paz de Anza), que es cuando se dieron por pacificadas las provincias internas de Nueva España, que eran California, Sonora, Sinaloa, Texas, Nueva Vizcaya, Nuevo México, Nueva Santander, Chihuahua y Coahuila.

Todo esto se consiguió gracias al buen hacer del militar y explorador español Juan Bautista de Anza (ya lo hemos nombrado anteriormente).

Esta paz se comenzó a fraguar con la victoria de las tropas españolas, comandadas por el propio Anza, sobre el jefe comanche Cuerno Verde y sus hombres, que eran un verdadero problema tanto para españoles como para los indios aliados de los españoles, ya que habían masacrado a cientos de colonos españoles y de indios amigos.

Esta fue una historia apasionante que ya quisiera yo poder contar aquí con más palabras, pero entonces ya no sería un apunte de historia, sino un libro de historia.

Para terminar con Cuerno Verde, Anza usó una estrategia militar que ni sus hombres entendieron hasta el último momento, cogiendo a la retaguardia comanche por la espalda, terminando primero con sus suministros, y ya luego fue al encuentro de Cuerno Verde y terminó con él y parte de sus hombres, dejando huir al resto para de esta manera firmar al par de meses una paz duradera que con el tiempo llevó a los novohispanos, comanches, navajos y apaches a vivir en paz.

Según dicen algunas fuentes, el rey Carlos III regaló al papa Pío VI el famoso tocado de Cuerno Verde, aunque este no figura en los inventarios de los Museos Vaticanos.

A continuación, tienen el mapa de Bernardo de Miera —otro personaje digno de una película—, que fue en esta expedición como cartógrafo oficial de la misma. En él explica el recorrido y posterior ataque que hicieron las tropas españolas.

Plan de la Tierra que se andubo, y descubrio en la Campaña, que hizo Contra los Cumanchis, el Tñe Coronel D.º Juan Bautista de Anza, Governador, y Comand.ᵗᵉ propietario de esta Provincia del nuevo-Mexico, y la Victoria que consigió de los Enemigos

Escala de veinte leguas por Grado.

Señalase con este Pabellon los parages en donde pararon.

¿Quién era Cuerno Verde?

Este jefe comanche realmente se llamaba Tabico Narityante y llevaba un tocado heredado de su padre, que era una especie de gorro de color verde con cuerno de búfalo; de ahí el nombre de Cuerno Verde.

Ironías del destino, el padre de Juan Bautista de Anza, **Juan Bautista de Anza padre**, capitán de Dragones de Cuera, murió en una emboscada de los apaches en 1740 al adelantarse a su escolta.

El padre de Cuerno Verne, **Cuerno Verde padre**, murió en un ataque que hicieron unos 500 comanches al pueblo español de Ojo Caliente en Sonora y que fue repelido por los novohispanos con éxito.

Al retirarse, los comanches lograron recoger del cadáver el tocado de su jefe, Cuerno Verde, que heredó su hijo… y así comenzó esta historia.

Bibliografía

- PARES (Portal de Archivos Españoles). Minist. de Cultura.
- Real Academia de la Historia.
- *Forjado en la frontera*. John L. Kesell y Javier Torre Aguado.
- *Banderas lejanas*. Fernando Martínez Láinez Carlos Canales Torres.

APUNTES DE HISTORIA

Real Expedición Filantrópica de la Vacuna (Expedición Balmis)

El día en que los británicos nos vitorearon

En el s. XVIII morían en Europa unas 400 000 personas al año de viruela; de las que sobrevivían, un tercio quedaban ciegas.

En la Nueva España murieron millones de personas por las epidemias, siendo la viruela las más letal de ellas con diferencia.

En el año 1794 murió una hija de **Carlos IV** de esta enfermedad, que en mi opinión fue crucial para la expedición.

En esta época, el médico de cámara de Carlos IV era **Francisco Balmis y Berenguer** y en 1796 un colega le informa de que el Dr. Edward Jenner acaba de descubrir lo que parece una vacuna contra esa devastadora enfermedad.

Esto fue gracias a que el Dr. Jenner observó que a las vaqueras que ordeñaban las vacas, aunque les salían pústulas de la viruela de la vaca al estar en contacto con las pústulas que les solían salir a estas en las ubres —esta variedad de viruela no es peligrosa para los humanos—, no la padecían… Y ahí comenzó todo.

El Dr. Balmis convenció a Carlos IV de la necesidad de hacer una expedición para vacunar en todos los territorios de ultramar (América y Filipinas), y así se hizo, corriendo su alteza con todos los gastos.

La manera de conseguir llevar esta vacuna a las zonas de ultramar fue contagiando a niños de varias edades con una modalidad que se denominó *brazo a brazo*.

Estos 22 niños eran todos expósitos, la mayoría del orfanato de La Coruña. El hijo de la directora de este último, la enfermera **Isabel Zendal**, era el único niño no expósito. Isabel se ocuparía de mantener la cadena de vacunación durante toda la travesía y en los territorios de ultramar.

El rey ordenó que a esos niños no les faltase de nada hasta que tuviesen los oficios con los que ganarse la vida y devolver a sus pueblos a los que lo desearan —ninguno de ellos regresó a la península—.

Le expedición también llevaba para distribuir a los médicos copias de la traducción del *Tratado práctico e histórico de la vacuna.*

El día 30 de noviembre de 1803 partió la corbeta de María Pita del puerto de La Coruña, que llevaba como primer destino las Islas Canarias, donde comenzaron con las vacunaciones y a formar las juntas de vacunación.

La María Pita llegó a Puerto Rico el 9 de febrero de 1804, dirigiéndose luego a Venezuela, donde recibieron a la expedición con vítores.

Aquí la expedición se dividió en dos para cubrir el máximo de recorrido, dirigiendo una de las expediciones Balmis y la otra el subdirector de la expedición **José Salvany**, todo un héroe que trabajó hasta el final teniendo múltiples enfermedades. Murió a los 34 años. Merece la pena leer su participación en esta expedición.

Como verán en el mapa que se adjunta, el área de vacunación en el continente americano fue muy extensa.

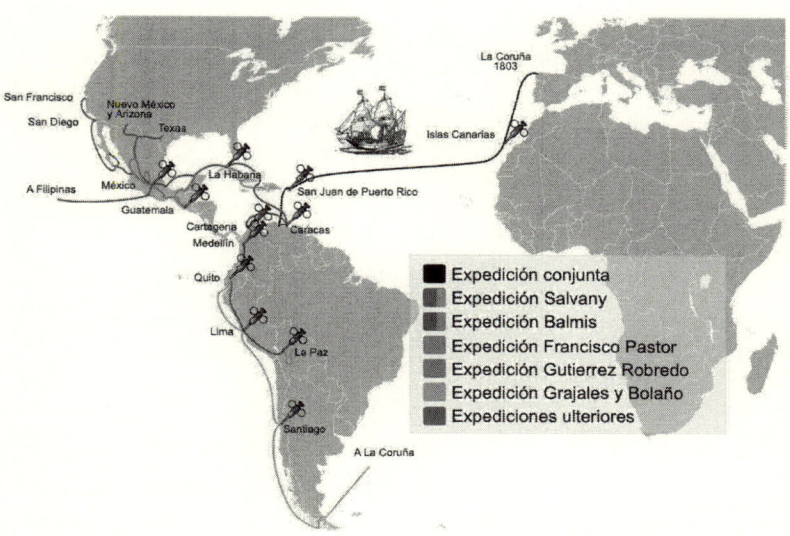

De Ecelan - Derivative work from:File:BlankMap-World6.
svg (PD)File:Jeringuilla.svg (GFDL & Cc-by-sa)carrack
in Open Clip Library (PD), author papapishu, CC BY-SA 4.0,
https://commons.wikimedia.org/w/index.php?curid=7008271

Desde el continente americano la expedición siguió hacia Filipinas a bordo del Magallanes, con el Dr. Balmis al frente e Isabel Zendal con su hijo y 22 niños mexicanos que portaban el virus-vacuna.

El 15 de abril de 1805 llegan a Manila, donde recibieron un apoyo masivo de las autoridades civiles, militares y eclesiásticas, de tal forma que al día siguiente, el 16 de abril, ya estaban vacunando.

Desde Filipinas pasaron a la portuguesa Macao y a Cantón, en China, donde vacunaron en varias poblaciones.

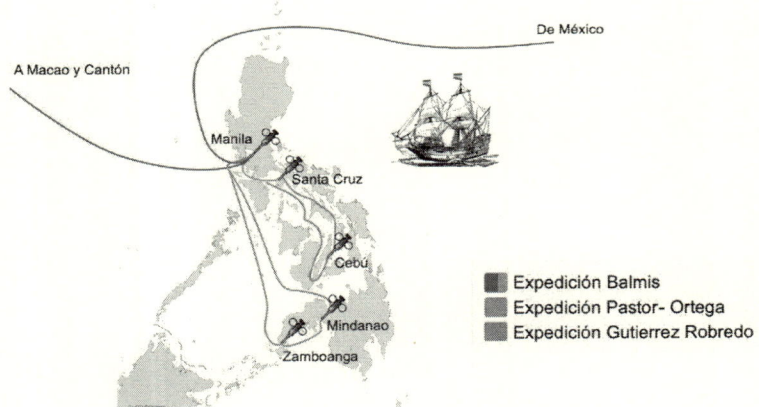

De Ecelan - Derivative work from:File:Philippines location map.svg (GFDL & Cc-by-sa)File:Jeringuilla.svg (GFDL & Cc-by-sa)carrack in Open Clip Library (PD), author papapishu, CC BY-SA 4.0, https://commons.wikimedia.org/w/index.php?curid=7009400

A su vuelta a España, la expedición vacunó también a los habitantes de la isla británica de Santa Elena.

Se estima que directamente la expedición vacunó a más de medio millón de personas y las juntas de vacunación que dejaron establecidas por América y Filipinas varios millones.

Curiosidades

Isabel Zendal se quedó a vivir en Puebla —México— con su hijo. La OMS la ha nombrado «primera enfermera en misión internacional de la historia».

El **Dr. Jenner,** descubridor de la vacuna de la viruela, dio una conferencia monográfica sobre la expedición en la Real Sociedad de Medicina de Londres, en la que, según las crónicas de la prensa londinense de la época, los vítores y aplausos de los eruditos británicos a la Real Expedición duraron 20 minutos.

El prestigioso doctor dijo para acabar su conferencia: «No puedo imaginar que en los anales de la historia se proporcione un ejemplo de filantropía más noble y amplio que este».

También Alexander Humbold dijo: «Este viaje permanecerá como el más memorable de la historia».

Bibliografía

- La Expedición Balmis. Dirección científica: Susana Ramírez Sánchez.
- Geoplaneta 2022.
- *A flor de piel.* Javier Mora. Planeta, 2015.
- *Injusta historia oficial.* Juan Ignacio Pinedo. Real Liga Naval Española.
- PARES (Portal de Archivos Españoles).
- Expedición Balmis-Salvany Perspectivas, vol. 6, Núm. 1, 2001.
- Pan American Health Organization.

- *Balmis, la expedición española.* Candela Jiménez. CSIC. 2001.
- Real Academia de Historia.
- Wikipedia (mapas).

APUNTES DE HISTORIA

Simón Bolívar, el asesino venerado
(Caracas [1783]-Santa Marta [1830])

Hoy les voy a pasar un apunte de historia que trata del mayor asesino de españoles y de isleños canarios del que tengo conocimiento.

Son unos hechos que me han llamado muchísimo la atención, primero por la dureza de lo que he leído y segundo porque estos hechos hayan caído en el olvido en nuestro país (como otros tantos por desgracia), blanqueando al asesino y poniendo su nombre a nuestras calles.

Me ha costado mucho escribir estas líneas, por un lado, como decía, por la dureza de las acciones ordenadas por este individuo y, por otro, porque, como siempre hago, quería contrastar las diversas fuentes, pero esta vez lo hice con más ahínco si cabe, porque me costaba creer lo que estaba leyendo. Conocía solo parte de la verdad, pero por desgracia era cierto.

Este personaje es Simón Bolívar (1783-1830), que suscribió las palabras que dijo en el Convenio de Cartagena

Antonio Briceño en enero de 1813 cuando creó el Grupo de Voluntarios para como primer objetivo destruir en Venezuela: «La raza maldita de los españoles europeos, en la que van incluidos los isleños canarios. [...] Ni uno solo debe quedar vivo».

En junio de 1813, en la ciudad venezolana de Trujillo, Simón Bolívar declaró la «Guerra a Muerte» contra España, alentando los artículos del Convenio de Cartagena. En uno de ellos se decía:

> Para tener derecho a una recompensa o a un grado bastará presentar cierto número de cabezas de españoles o de canarios. El soldado que presente veinte cabezas será abanderado en actividad, por treinta cabezas tendrá el grado de teniente y por cincuenta el de capitán...

Por otro lado, una de las acciones que conllevó el decreto de «Guerra a Muerte» es que todos los prisioneros, ya fuera por ser capturados o sencillamente porque se rendían, fueran pasados por las armas, llegando un momento en que, cuando fueron a ejecutar a los prisioneros, ordenó que no los fusilaran, que los decapitaran para ahorrar munición.

La Guaira (Venezuela, 13 de febrero de 1814)

«En obedecimiento a orden expresa del Excmo. Sr. General-Libertador para que sean decapitados todos los presos españoles y canarios reclusos en las bóvedas de este puerto».

En La Guaira, Caracas, fueron ejecutados 866 prisioneros españoles y canarios, por un lado; por otro, unos 500 militares y civiles (españoles y canarios) que estaban ingresados en el hospital de la ciudad porque estaban heridos o enfermos. En este caso en concreto hay fuentes que elevan a 1000 los ejecutados.

Según las escandalizadas (por una vez) prensas francesa y británica de la época, en solo tres días más 2000 españoles fueron ejecutados.

Según parece, Bolívar usaba a los prisioneros para negociar las rendiciones amenazando con asesinarlos. Algo que luego hacía igualmente se rindieran o no sus enemigos.

Sus palabras: «La rendición es el único de medio de salvar a los innumerables prisioneros españoles e isleños que están en mi poder y a la menor dilación serán exterminados todos». Pero los eliminaba igualmente.

Bueno, y no voy a nombrar a todos los nativos americanos, incas, mapuches, guajiros, etc., que apoyaron a la Corona en esta guerra. Tan malos no serían los españoles, digo yo, si los apoyaban los nativos, aunque lo acabaron pagando muy caro.

Por ejemplo, los guajiros se enfrentaron juntos con las tropas realistas a las tropas de Bolívar y a las tropas británicas del general Gregory MacGregor —sí, británicas; ellos siempre están ahí— en las batallas de Carabobo de 1814 y de Boyacá de 1819, que perdieron los realistas.

En 1824, con la guerra ya prácticamente perdida, los incas pidieron al gobernador español de Cuzco desfilar con el estandarte real de la ciudad para demostrar su fidelidad a la Corona, y lo hicieron con sus mejores galas.

Por cierto, nuestro personaje ofreció a los ingleses cederles Panamá y Nicaragua a cambio de unos miles de rifles y 20 fragatas. (Recordemos que la financiación de la sublevación proviene mayoritariamente de los bolsillos ingleses).

En 1813 este hombre mandó a matar a 382 españoles que no eran más que comerciantes y burgueses de la ciudad de Valencia en Venezuela, y las crónicas dicen: «En Valencia, presidida la ejecución por el propio Bolívar, fueron asesinados los 382 españoles durante los días 14, 15 y 16. El hedor a carne quemada y los gritos de los que agonizaban quedó grabado en la memoria de los testigos de aquella cruel masacre».

En 1858 Karl Max escribió un artículo sobre Simón Bolívar que le encargó el director del *New York Daily Tribune* para la *Nueva Enciclopedia Americana.*

En dicho artículo, menos bonito le decía de todo: cobarde, miserable, brutal, racista y un largo etcétera.

El director le dijo a Marx que él no podía publicar eso, a lo que este respondió que él no podía escribir otra cosa porque esa era la realidad.

Aquí, por el contrario, blanqueamos la verdadera historia de los de fuera y ennegrecemos la nuestra, que, con sus luces y sus sombras, es única.

Les adjunto un documento de la época, *La Gaceta de Caracas*, en la que se informa de algunas de estas ejecuciones de «españoles y canarios».

Nota del autor: Como canario que soy, me llama enormemente la atención que nos diferencien a los canarios y a los españoles peninsulares, aunque al final les cortasen el cuello a todos por igual.

Bibliografía

- *Madre patria*. Marcelo Gullo Omodeo. 2021.
- *La otra cara de Bolívar*. Pablo Victoria. 2014.
- Biblioteca Virtual Miguel de Cervantes.
- Biblioteca Nacional de España.

Artículos

- «Crímenes olvidados de Simón Bolívar». *Tertulia Amigos 25 de Julio.* Jesús Villanueva Jiménez.
- «Simón Bolívar, un genocida de españoles». Jorge Vilches. *La Razón.* 2022.
- «Karl Max destruye el mito de Simón Bolívar». Joaquim Pisa. *El Obrero.* 2018.
- «Simón Bolívar, el falso mito del héroe y libertador». Álvaro van den Brule. *El Confidencial.* 2019.

APUNTES DE HISTORIA

El Marino Méndez Núñez... «Vuelva usted mañana» (Casto Méndez Núñez, Vigo [1-7-1824]-Pontevedra [21-8-1869])

Nuestro personaje Méndez Núñez fue un marino español de singular arrojo e inteligencia.

Con 10 años lo enviaron a Ferrol a preparar los estudios de Marina y a los 15 años ya era guardiamarina, destacando en sus estudios de náutica, matemáticas y del idioma francés. Ya con 16 años recién cumpliditos estaba embarcado en la fragata Esperanza.

Con el paso de los años estuvo destinado varias veces en América del Sur y en Filipinas, donde allá por el año 1861, y siendo capitán de fragata —que es equivalente al grado teniente coronel—, fue jefe de las unidades españolas que combatían a los feroces y crueles piratas malasios que pululaban por las islas de Mindanao y Joló cometiendo todo tipo de fechorías y provocando el pánico entre la población.

Llegado el momento y ya cansado de estar combatiendo a los piratas barco por barco, Méndez Núñez decidió atacarlos en su centro neurálgico, la fortaleza de Palagulan, de la que se decía que era inexpugnable por lo bien defendida que estaba por cientos de piratas; además, la fortaleza estaba perfectamente artillada para su defensa.

Méndez Núñez la atacó por tierra y por mar, arrasando las tropas españolas la que hasta ese momento había sido una fortaleza imbatible y haciendo prisioneros a cientos de piratas, consiguiendo con esta acción que los habitantes de las islas Filipinas pudiesen vivir en paz sin temor a nuevos asaltos y desmanes por parte de esos indeseables.

Más adelante, en el año 1864, una escuadra española se dirigió a Perú para normalizar relaciones con la recién creada República del Perú, a la que España todavía no había reconocido.

A esa escuadra se incorporó Méndez Núñez, que iba al mando de la fragata blindada Numancia, un nuevo concepto de buque que iba prácticamente en viaje inaugural —y que muchos marinos de varios países pensaban que no era un buque marinero y que tendría muchos problemas—.

Por causas que no vienen al caso para no extendernos demasiado, la cosa se torció y lo que era una misión de paz se convirtió en una misión de fuerza, cediendo el país sudamericano y firmando entre España y Perú un acuerdo llamado Acuerdo Vivanco-Pareja por ser los firmantes José Manuel Pareja, jefe de la escuadra española, y el general peruano Manuel Ignacio Vivanco. (Al poco tiempo, los peruanos rompieron el acuerdo).

Luego, la escuadra se desplazó a Chile, donde una embarcación de ese país armada con 18 cañones, llamada Esmeralda, enarbolando la bandera británica, país con el que España estaba en paz, se acercó a la goleta española Covadonga, de tan solo dos cañones. Cuando estaba prácticamente a su costado, arriaron la bandera británica e izaron la chilena, disparando por sorpresa al barco español varias andanadas con sus cañones, matando a varios marineros y cogiendo al resto prisioneros.

Ante esto, Pareja, el vicealmirante español, sintiéndose responsable de la suerte de sus subordinados, se suicida pegándose un tiro en su camarote.

Este suceso hace que el mando de la escuadra recaiga sobre Méndez Núñez, ahora siendo brigadier porque había vuelto a ascender hacía poco.

Mientras tanto, las marinas de Perú y Chile se han aliado para luchar contra la escuadra española, por lo que nuestro brigadier comienza un acoso al que la armada sudamericana rehúye escondiéndose en los bajos de Abtao y Huite, hundiendo un barco en la bocana para evitar la entrada de los barcos españoles. (Este barco lo hundieron en un enfrentamiento similar diez días antes con otros dos barcos españoles).

Esta zona, al estar llena de arrecifes y bajos[1], era una zona de difícil navegación, por lo que a los buques españoles de gran calado, como la fragata acorazada Numancia, les era imposible acercarse demasiado a la flota chileno-peruana. A estas dificultades había que añadir la cantidad de canales angostos diferentes por los que los barcos se podían perder, lo que provoca que la flota española penetre algo por esos canales y el hostigamiento se limite a unos cañoneos y el apresamiento por parte de los españoles de tres embarcaciones, una de ellas un transporte de tropas chilenas.

---

[1] Rocas hundidas cercanas a la superficie.

Curiosidad

Según el autor Juan Antonio Díaz Cano en su buen libro *La noche del almirante*, la escuadra sudamericana atribuye el éxito de la española a la ayuda de una bruja que habita en Tabón, de nombre Voladora, que ha guiado los pasos de los marinos españoles entre los difíciles recovecos que bordean Abtao.

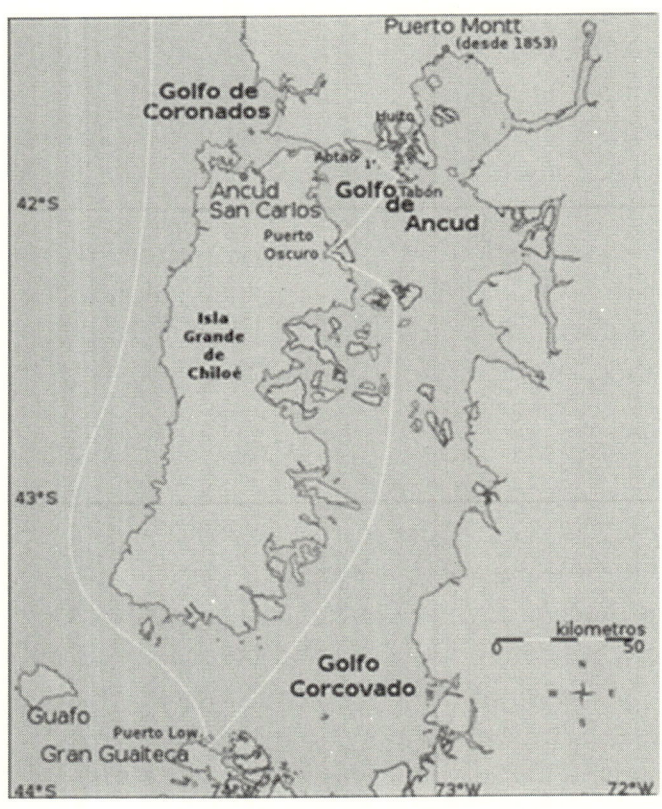

Wikipedia Creative Commons Atribución-
Compartir Igual 4.0 Internacional.

Ruta aproximada de las naves españolas hasta Abtao y Huito. El mapa solo muestra la costa de tierra firme, sin los bajos, rocas escasamente sumergidas, variaciones debido a las mareas ni las corrientes producidas. Las naves peninsulares eligieron el derrotero del sur debido a la falta de cartas de navegación para el canal de Chacao.

Una vez retirada la flota española de la zona, reciben la orden desde Madrid de bombardear ciudades costeras comenzando por Valparaíso, para intentar de esto modo forzar a un acuerdo.

El marino se queda estupefacto por la orden, ya que la ciudad de Valparaíso carece de defensa y menos todavía de medios de ataque.

El brigadier escribe a Madrid diciendo lo que piensa sobre esta orden, pero le dicen que debe seguir adelante, por lo que Méndez Núñez, con el fin de provocar el menor número de bajas civiles posible, avisa a la ciudad del inminente ataque y les da cuatro días para que la población civil se ponga a salvo, ya que la acción no es de su gusto, pero como militar tiene que cumplir las órdenes.

Al ver que esto iba en serio, los comandantes de las flotas militares norteamericana y británica, que tenían un total de 8 barcos de guerra en el puerto de Valparaíso como apoyo a las colonias de ciudadanos de sus respectivos países, transmitieron a nuestro brigadier que intentarían mediar una paz entre la escuadra española y las autoridades chilenas, algo a lo que las autoridades chilenas se negaron.

Ante esta tesitura, los comandantes británico y norteamericano amenazaron a nuestro brigadier con que, si España atacaba la ciudad, ellos atacarían a la flota española, contestando Méndez Núñez al comandante norteamericano:

> Si desgraciadamente no consiguiese una paz honrosa para España cumpliré religiosamente las órdenes de V. E. destruyendo la ciudad de Valparaíso aunque sea necesario para ello combatir antes con las escuadras inglesa y americana aquí reunidas, la de S. M. se hundirá en estas aguas antes de volver España deshonrada pues estoy convencido de que S. M., el Gobierno, el país entero prefieren HONRA SIN BARCOS QUE BARCOS SIN HONRA.
>
> (Esto último se convirtió en su lema y figura como lema de la moderna fragata Méndez Núñez numeral F 104). Comandancia General/de la/ escuadra de S.M.C7 en el Pacífico. N.º 28. Rada de Valparaíso, bordo de la Numancia 24 de marzo de 1866.

Hablando en plata, que si las flotas norteamericana y británica se interponían entre la flota española y la ciudad, ellos también serían bombardeados.

Viendo la firmeza expresada por el brigadier español, las flotas de ambos países se plegaron y salieron del puerto poco antes de que se cumpliese el plazo dado por España para el comienzo del bombardeo, convirtiéndose en meros espectadores del triste espectáculo.

Méndez Núñez, antes de comenzar el bombardeo, había dado orden a sus oficiales de que concentrasen los bombardeos solamente sobre el puerto, la única batería de defensa que tenían y almacenes, pero nunca sobre las viviendas ni el casco urbano de la ciudad.

Lema de la fragata Méndez Núñez F-104:
«Más vale honra sin barcos que barcos sin honra».

Una vez terminado el bombardeo de Valparaíso, siguiendo las órdenes de Madrid de bombardear ciudades de costa, fue a por un verdadero objetivo militar: el peruano puerto de El Callao, verdadera plaza fuerte y muy bien artillada.

El día 1 de mayo, una vez terminada la reunión de oficiales para preparar el bombardeo, se presentó el alférez de navío Álvarez de Toledo con una nota del Gobierno español indicándole que la flota debe volver a España, respondiéndole nuestro brigadier: «Mañana, día dos, bombardeo El Callao. Usted no ha llegado todavía; llegará mañana y, en cuanto me comunique la orden, me apresuraré a obedecerla».

Vaya, que le dijo un: «Vuelva usted mañana».
Me imagino cómo quedó el alférez ante esta orden de su brigadier...

Al día siguiente se bombardeó el puerto de El Callao, donde cayó herido Méndez Núñez. El combate duró unas cuatro horas y tanto una parte como otra dicen haberla ganado. Como en todas las guerras, la primera víctima es la verdad.

Una vez terminada la batalla, el brigadier mandó a llamar al alférez Álvarez de Toledo y le dijo: «Creo que porta una carta para mí».

Lo único que se sabe a ciencia cierta de esta batalla es que ningún barco fue hundido y los que quedaron tocados no lo fueron de gravedad, ya que volvieron navegando a España por sus propios medios.

Una curiosidad

Al terminar la batalla, la flota se dirigió a la isla de San Lorenzo para reparar los barcos y enterrar a los fallecidos en la batalla —43 fallecidos—. La escuadra se dividió en dos, yendo un parte a España por Río de Janeiro, donde iba su comandante, que recordemos que estaba herido, y la otra parte iría hacia España por el Pacífico. En ese segundo grupo iba la fragata Numancia al mando esta vez del comandante Juan Bautista Antequera y Bobadilla, llegando a España en 1867, **convirtiéndose este buque en la primera nave acorazada que circundó la tierra,** 345 años después de que lo hiciera el también español Juan Sebastián Elcano, primer marino de la historia en dar la vuelta al mundo. «Y pensar que decían que no era un barco marinero...».

En el camarote del capitán de la Numancia había una placa que decía: «**In Loricata navis quae primun terram circuivit**» ('Está en la nave acorazada que circundó la tierra por primera vez').

Fragata blindada Numancia. Primer buque blindado en dar la vuelta al mundo. Foto: Museo Naval.

Bibliografía

- José Ramón García Martínez. *Méndez Núñez la escuadra y la campaña del Pacífico.*
- Wikipedia. *La batalla de Abdao.*
- *La batalla de El Callao.*
- Juan Antonio Díaz Cano. *La noche del almirante.*
- Museo Naval. La fragata Numancia, primer buque blindado en dar la vuelta al mundo.
- Real Academia de la Historia.

APUNTES DE HISTORIA

Inventores españoles del submarino y el S-80 Plus

Un apunte de historia —un poquito largo— a colación de los nuevos submarinos tipo **S-80 Plus** que está fabricando España y del que ya se ha entregado la primera unidad.

El primero de estos submarinos, el **S-81, se llama Isaac Peral** en honor del inventor más conocido de estas naves, un *andaluz cartagenero*, ya que, aunque era de Cartagena, fue a vivir a Puerto de Santa María, donde incluso llegó ser elegido diputado nacional.

He leído varios libros sobre su historia... Triste historia la de Isaac Peral y Caballero.

La importancia del invento (intentaré no alargarme, que luego aburro) se ve en el dictamen del Consejo de Sabios de la Armada: **«Al fin se ha resuelto el problema de la navegación submarina»,** dijeron de manera unánime.

Isaac Peral diseñó una embarcación con propulsión eléctrica que en sus primeras pruebas en 1885 logró permanecer 6 horas sumergida con toda su tripulación.

Este invento, que tenía 22 metros de eslora y 2,87 metros de manga y alcanzaba una velocidad de 7,7 nudos, logró subir la maltrecha moral de los españoles de la época, llegando a preocupar a nuestros políticos. (Sí, como lo oyen).

Cánovas del Castillo, presidente del Gobierno, uno de los políticos más críticos con el submarino, llegó a decir en una ocasión: «El cacharro náutico del Sr. Peral va a hacer concebir en el pueblo español una peligrosa alucinación del renacimiento del poderío de España y lo único que vamos a ganar con esto es que las potencias navales del mundo nos miren con recelo».

Bueno, al lío. Los ingleses y los suecos intentaron comprar el submarino con un «Ponga usted el precio, Sr. Peral», a lo que el inventor respondió que él era español y se debía a su país. También lo intentó Zaharoff, uno de los mayores traficantes de armas de todos los tiempos, que obtuvo la misma contestación.

Hay que pensar que un crucero blindado de la época tenía un coste de unos 40 000 000 pesetas, mientras que el submarino del Sr. Peral con armamento y munición tenía un coste de solo 300 000 pesetas.

Al final, el Ministerio de Marina de manera inaudita enseñó los planos a todos estos interesados, llegando a copiarse parte de ellos.

¡¡Gracias a que no había móviles en esa época!!

Con todo esto, nuestro inventor acabó defenestrado por las envidias de este país.

El submarino, que tanto navegó por la bahía de Cádiz y aledaños, provocando los vítores del pueblo —según las crónicas de la época, se desplazaban familias completas desde Sevilla e incluso Madrid para ver el artilugio—, quedó abandonado en el astillero de La Carraca y con él la única posibilidad de resurgir, por lo menos moralmente, de los españoles de la época, y «hacerse respetar» quedó en el olvido.

Según algún autor, algunas piezas con los años aparecieron en un almacén de la Marina de los Estados Unidos. (No sé si será cierto porque no aportó pruebas).

No está de más recordar las palabras del almirante Dewey —que hundió la flota española en Filipinas; bueno, aunque esto es discutible, pero es arena de otro costal— en referencia a la pérdida de Cuba y de Filipinas: «Si España hubiese tenido allí un solo submarino torpedero, reconozco que no se hubiese podido mantener el bloqueo de Cuba ni 24 horas ni yo hubiese podido tomar Cavite». ¿Se hubiese cambiado la historia?

Una curiosidad

Al retirarse de la Armada Peral, instala en Madrid la primera fábrica de baterías del país —en cuyo edificio se encuentran hoy en día las instalaciones de Google—.

¿Y el Ictíneo de Monturiol?

El segundo submarino español, el **S-82, se llamará Narciso Monturiol**.

Narciso Monturiol i Estarriol (1819-1885), inventor del Ictíneo, fue en mi opinión **la primera nave submarina española propiamente dicha**. En ella se navegó de manera tripulada por el fondo del mar en aguas de Barcelona y Alicante entre los años 1859 y 1862.

El Ictíneo, con sus 7 metros de eslora, llegó a sumergirse en 69 ocasiones alcanzando ¡hasta 50 los metros!

En 1865 Monturiol fue más allá y botó el Ictíneo II, propulsado con máquina de vapor. Fue una nave avanzada a su época fabricada en madera de olivo y refuerzos en roble con una capa de cobre de 2 mm.

Este submarino ya tenía unas proporciones considerables, con una eslora de 14 metros, una manga de 2 y un calado de 3 metros, y desarrollaba una velocidad de 4,5 nudos.

Réplica del Ictíneo II en el puerto de Barcelona.

El combustible de la máquina de vapor montada era un compuesto químico que producía vapor, gas y ¡oxígeno!, y que se utilizaba tanto para que respirase la tripulación como para la iluminación interior de la nave.

Narciso Monturiol era un inventor polivalente, hacía de todo, desde un submarino hasta un tranvía; incluso inventó ¡¡una fotocopiadora!! Menudo genio.

Por desgracia, don Narciso Monturiol murió arruinado.

¿Y el **S-83**? **Cosme García**.

Pues sí, el tercer submarino clase **S-80 Plus**, el **S-83**, ya tiene nombre asignado. Se llamará Cosme García.

Cosme García Sáenz (1818-1874) fue un inventor que desarrolló un submarino en el año 1860 y lo patentó ese mismo año en España y Francia como Aparato Buzo.

Este artilugio de 6 metros de eslora hizo sus pruebas de mar en el puerto de Alicante, donde la Comandancia de Marina certificó el éxito de las mismas. En esas pruebas iba tripulado por Cosme y su hijo.

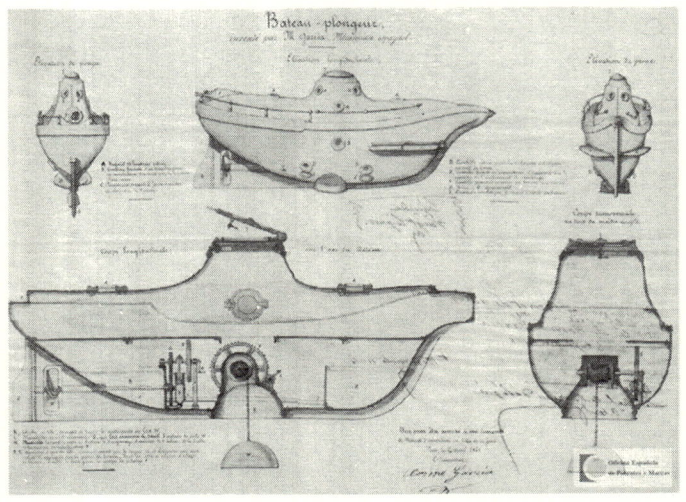

Imagen del submarino de don Cosme
(Oficina Española de Patentes).

La reina Isabel II mandó a llamar a don Cosme para que le presentara el aparato —cómo no, se lo llevaron hasta palacio—, pero su alteza real dijo que debido a la guerra de África no era viable la fabricación del submarino.

Francia le ofreció el fabricar su submarino en los astilleros de Tolón, a lo que se opuso el inventor.

Don Cosme, al igual que Narciso Monturiol, también murió arruinado, llegando incluso a pedir limosna, y su submarino se pudrió en el puerto de Alicante.

Don Antonio Sanjurjo Badía (1837-1919)

Este gallego emigró a Cuba con solo 16 años, regresando a su tierra natal con la bolsa bastante llena gracias sus habilidades con las herramientas y maquinarias.

En Vigo ideó muchas industrias y negocios, pero lo que hoy nos trae fue el submarino minador-torpedero que ideó en 1898 para proteger la ría de Vigo si la atacaban los americanos, aunque un poco lento, pues solo alcanzaba un par de nudos de velocidad.

Las pruebas fueron un éxito, pero ese mismo día se firmó la paz con los americanos y su submarino perdió su razón de ser.

Pero hay más: aquí tenemos el primero de la saga, del que ya les hablé anteriormente. Anterior a todos ellos tenemos al militar e inventor navarro **Jerónimo de Ayanz y**

Beaumont, que fue la primera persona en *patentar* una barca submarina allá en el vetusto año de **1603**; luego, en el año 1606, hizo una modificación con mejoras para su uso civil.

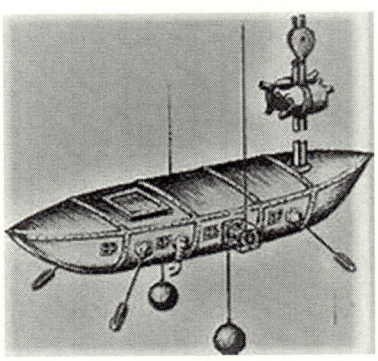

La embarcación estaba fabricada en madera, cuero y metal. Era hermético e impermeable, pudiendo alcanzar una profundidad de unos 20 metros.

Estaba equipado con ventanas de cristal grueso y unos guantes que salían por unos orificios para poder manipular o coger objetos del fondo.

Gracia a las patentes —llamadas en la época *privilegios de invención*—, el inventor pudo pleitear por los derechos de explotación en la isla Margarita, ya que estaban usando su aparato para coger perlas sin su autorización, y ganó.

Una curiosidad:

Según uno de sus biógrafos, «hasta tal punto mimó De Ayanz los detalles que al sistema de ventilación **le añadió** unas esponjas empapadas con agua de rosas, que perfumaban el interior del submarino».

¡Buena proa a todos!

Bibliografía

- Real Academia de la Historia.
- Biblioteca Nacional de España.
- *Isaac Peral, la tragedia del submarino*. Dionisio Pérez Gutiérrez. 1935.
- *Jerónimo de Ayanz y Beaumont, un inventor navarro*. Nicolás García Tapia. 2010.
- Biblioteca Nacional de España (Oficina Española de Patentes).

Artículos

- *Puente de mando*. Diego Quevedo Carmona.
- «El visionario hundido». Carlos Manuel Sánchez. *El Correo*. 2023.
- «Cosme García, el genio sin estudios que inventó el submarino y murió arruinado». Sergio Ferrer. 2016. *El Confidencial*.
- *Muy interesante*. 2019. (Sin firmar).
- Wikipedia.